시인의 말

역사와 시간의 수레바퀴는
어둠의 길을 선택하지 않는다
탁류의 강물에 미혹되지도 않는다
태고의 빛들과 민족의 혼과 얼이
어슬렁대는 새벽녘 광화의 빈터에
유랑의 백성으로 홀로 서서
광명한 새날의 자유와 희망을 바라보는
선민들의 함성소리를 귓전에 담아 본다
수백 년의 애환을 온몸으로 품은
푸르른 반도의 땅과 하늘은
하얀 세마포 입은
선한 사람들과 함께했다.
거짓의 탈을 쓴 검붉은 폭풍의 시대

광화문 전설

도서출판 엠－애드

2부 광화문 전설

광화문 전설15 /28
광화문 전설16 /29
광화문 전설17 /30
광화문 전설18 /31
광화문 전설19 /32
광화문 전설20 /33
광화문 전설21 /34
광화문 전설22 /35
광화문 전설23 /36
광화문 전설24 /37
광화문 전설25 /38
광화문 전설26 /39
광화문 전설27 /40
광화문 전설28 /41

3부 광화문 전설

광화문 전설29 /44
광화문 전설30 /45
광화문 전설31 /46
광화문 전설32 /47
광화문 전설33 /48
광화문 전설34 /49
광화문 전설35 /50
광화문 전설36 /51
광화문 전설37 /52
광화문 전설38 /53
광화문 전설39 /54
광화문 전설40 /55
광화문 전설41 /56
광화문 전설42 /57
광화문 전설43 /58
광화문 전설44 /59
광화문 전설45 /60
광화문 전설46 /61

이제 우리 모두
먹구름의 시간을 털어버리자
천둥과 번개가 내리치면
오래도록 흐느끼던 광화문의 고통과
슬픔이 한없이 밝아지려나
암울한 21세기
분홍의 혁명에 취해버린 배롱꽃들이 웃고 있다

2021년 새봄에

김 원

1부 광화문 전설

광화문 전설1 /10
광화문 전설2 /11
광화문 전설3 /12
광화문 전설4 /14
광화문 전설5 /15
광화문 전설6 /16
광화문 전설7 /18
광화문 전설8 /19
광화문 전설9 /20
광화문 전설10 /21
광화문 전설11 /22
광화문 전설12 /23
광화문 전설13 /24
광화문 전설14 /25

4부 광화문 전설

광화문 전설47 /64
광화문 전설48 /65
광화문 전설49 /66
광화문 전설50 /67
광화문 전설51 /68
광화문 전설52 /69
광화문 전설53 /70
광화문 전설54 /71
광화문 전설55 /72
광화문 전설56 /74
광화문 전설57 /75
광화문 전설58 /76
광화문 전설59 /77
광화문 전설60 /78
광화문 전설61 /79

5부 광화문 전설

광화문 전설62 /82
광화문 전설63 /84
광화문 전설64 /85
광화문 전설65 /86
광화문 전설66 /87
광화문 전설67 /88
광화문 전설68 /90
광화문 전설69 /92
광화문 전설70 /93
광화문 전설71 /94
광화문 전설72 /95
광화문 전설73 /96
광화문 전설74 /98
평설 /100
서 평 /128

1부 광화문 전설

저기 하늘길 따라
내려오신
백의민족의
낭군 낭자들이

광화문 전설 1

푸른 노송들이
피의 눈물을 삼키네
흥건한 모시 적삼의 땀
저기 하늘길 따라 내려오신
백의민족의 낭군 낭자들이
유월 바람에 익어가는
눈부신 태극 혼의 불덩이를
깊은 가슴에 담고
성스러운 땅 위에 발정하는
붉은 눈동자의 무리를
빛보다 번뜩거리는
순신의 몸짓으로 순신의 몸짓으로

광화문 전설 2

서울 한성의 소나무들이
울음소리를 더 한다
북한산 비둘기 몇 마리가
시큰둥 날개를 펴서
인왕의 청기와 끝을 스친다
뱃속에 든 알곡을 토하며
광화의 고달픈 시간도
서글픈 저녁의 옷을 입고
내일의 새벽을
하얀 치아의 웃음으로
기다린단다
애국의 씨앗을 품은
장엄한 이름의 풀잎들이
불타는 그곳의 모퉁이에
서 있다

광화문 전설 3

우리는
광화의 밤하늘에 떠오른
침묵의 별들을 잊고 있었네
한 세월의 설움을 딛고
야속한 영겁의 재를
기쁨의 발걸음으로 넘어가는
상처뿐인 민족의 흐느낌을
까마득히 잊고 있었네
빛들의 꿈으로 살아가라고
빛들의 희망으로 살아가라고
그리도 울부짖었던
청청한 선열들의 아우성을
기억하지도 못했네
동녘의 해가 다시 오르고
홰치는 새벽 수탉의 노래가
우렁찬 유월의 함성으로
낡은 귓전을 찾을 때
우리는 헐벗은 우리는

태극의 힘으로 꿈틀거리는
영광스러운 조국의 환희를
눈부신 광화의 샛별들과 함께
만날 수 있을 것이네

광화문 전설 4

개벽의 아침은
내면의 검은빛 문짝들이
무참히 깨어질 때 찾아온다
스스로의 주검을 쌓아가는
허망의 슬픈 그림자를
눈을 감고 태울 때
그것은 신령한 의지의 고개를 든다
갓 쓰고 댕기 머리한
고조선의 선남선녀들이
다시 한 번의 그리움을 기억하며
빛 밝은 광화의 뜰을 찾아와
화통한 웃음으로
설움의 지난 시간들을
가슴에 품을 때다
절대로 절대로 그것의 풍경을
잊어서는 아니 된다
이른 새벽의 초록빛 새소리
그 꿈들이 부활하고 있다
깊은 강물은 지금도
말없이 흐르고

광화문 전설 5

영웅의 나라가
그리도 아름다운가
아직도 나의 시대는
승냥이처럼 잠들지 않았다
노비의 품삯에 삶을 팔던
애절한 절규의 시간들이
목에 메인 듯 하염없이 그리워지는가
어둠의 일은 어둠이요
빛의 일들은 빛의 일이라는 걸
안개 흐르는 숲
노숙의 나무 아래서
그대는 깨닫고 있는 것인가
날이 밝아 두 눈 부릅뜬
거룩한 물결의 호흡들
불길보다 뜨거운
늙은 수염의 뱃사공들
자유의 돛배 하나 띄운다
희망의 임으로 찾아오실
한 송이 무궁화 꽃
찬란한 광화의 전설을 위해

광화문 전설 6

땅과 하늘의 신은
병정놀이의 유희를 원치 않는다
수수만년 흘러가는
애련한 태극기의 몸부림도
경박스럽게 가벼운
껍데기의 모순을 받지 않는다
인왕산 푸른 솔잎들은
뜨거운 불볕의 오후를 지나
별 오르는 삼경이 지나도록
서글피 두 눈을 감고 있다
빙빙 도는 오채색 풍악의 노래
눈물겹도록 거룩한
광화문 수월래 광화문 수월래
고단한 삶의 꿈들이 단잠을 박차고
오묘한 기운의 눈빛을 따라
그곳을 흐른다
박꽃 보다 빛나는
눈부신 천상의 모습으로

퉁퉁거리며 뛰는
하늘과 땅의 심장 소리를 듣고 있다
활화산보다 뜨거운
성스러운 겨레의 혼령들을
몸 조아려 맞이하며

광화문 전설 7

허파도
낡은 심장도
그놈들은 없다
아름다운 생식의 꿈을
개들의 아가리에
처박아버리는
패역스러운 무리들
기억되지 않는
오래전의 폐가에
함몰되어 있다

광화문 전설 8

나는
늙지 않았고
촛대보다 희미한
푸르른 시력이 남아있다
지금도 서슬하게 웃고 우는
삶의 거울 속에서
광화의 거리를 활보하는
빛나도록 그리운
너를 생각한다

광화문 전설 9

거머리의 손들이
뿌리와 수분과 영혼도 없는
허망한 나무들의 광장
비릿한 죽의 장막을 세우누나
빛과 함께 살기 원하는
펄펄 끓는 민족혼의 절규를
불같은 저항의 물길
출렁거리며 요동치는
광활한 태극기의 성난 바다를
이루어 갈 것이니

광화문 전설 10

그곳은
말 못 하는 벙어리와
키 작은 난쟁이들이 춤추는
민족의 아름다운 정원이었어
누구와 누구를 기억하는
도무지 잊고 싶지 않은
거름 지게 위에 꿈을 실은
불멸하는 그리움의 텃밭이었지
길과 길들의 푸른 꿈들을 모으면
영광스러운 광화의 길이 된다
꽃밭보다 찬란히 반짝거리는
그대 생명의 낙원이 된다
그렇게 빛나는 의젓한
광화문의 집이 된다

광화문 전설 11

붉은 털의 들쥐들이
음침한 토굴을 빠져나와
광화의 기둥을 갉고 있구나
어느 세월 긴긴 천년의 시간
슬픔의 밤이 깊으면 깊을수록
환희와 기쁨의 새벽은 가까웁도다
고난과 치욕의 뼈아픈 눈물이
저기 강물처럼 흘러갈수록
아름답고 장엄한 자유의 몸부림은
출렁거리는 푸른 동해의 물결처럼
눈부시게 빛나던 광화의 뜰로
유유히 옷깃 여미고 흘러올 것이다

광화문 전설 12

빛들이
세상에 내려와
덕을 뿌리고
복숭아꽃 어린 살구꽃도
그리운 화동 처자들과
눈을 감고 연정을 나누던 곳
시간의 탕자들은 이 골목을
결코, 지날 수 없지 않겠나
붉은 무리의 괴이한 짐승들
이 찬란한 광화의 거리를
두 다리로 활보할 수는 없다
이제사 밝은 빛의 세상이
태극의 하늘로 오를 채비다

광화문 전설 13

자유대한의 꿈
불길 같은 한 포기 풀잎으로
아직도 경건히 살아 있네
새벽 철로의 기적 소리를 따라
생생한 몸부림으로 부활하는
태극기의 외침으로 살아 있네
기억의 꽃신과 나막신이 새겨진
고왔던 남대문의 행로를 따라
불의 새들이 날갯짓하는
빛의 광화문을 두드리려 하네
땡볕의 사막을 가로지르고
어두움과 사악의 벽을 넘어
모두 모두와 손잡고
푸르게 둥지 튼 겨레의 집을 향해
힘차게 달음질 하려 하네

광화문 전설 14

인왕산의 겨울과 봄은
싸락눈을 뿌리고
붉은 꽃을 피우다가
발가벗은 폭염의 여름을
맞이하고 있었네
아담스레 천장에 안식한
말 없는 광화문의
신성한 불새를 바라보며
낮의 꼬리가 길면 길수록
저녁 무렵 외로운 샛별들은
수줍은 눈매로 몸을 숨기는 법
그러나 거룩한 아우성의
피 끓는 절규가
선민들의 귀청을 파고들 때
인왕산 푸른 솔잎들은
맑디맑은 촉살 같은 하나의 가슴을
후회 없이 가르고 있었네
흠도 없이 펼쳐진
거룩한 광화의 뜰 가에
헤매던 우리의 혼
편히 누울 곳은 많네

먼 훗날
박하사탕 입에 물은
색동옷의 동자들이
댕기 딴 어여쁜 소녀들과

2부 광화문 전설

광화문 전설 15

먼 훗날
박하사탕 입에 물은
색동옷의 동자들이
댕기 딴 어여쁜 소녀들과
구슬치기하는
성스러운 기운의 땅
화사한 왕들의 금관이
푸른 풀잎들과 어울려
흥겨운 장구 소리에 맞추어
어깨춤을 추는 곳
세종로 나 어린 까치들도
고운 꽃잎 따물어와
자유의 찬가를 부르는 곳
그래 그러거라
에헤라 에헤라 절씨구나
인왕산의 신들이 들썩거리고
광채뿐인 22세기
빛나는 한족의 선남선녀들이
파랗게 태극의 꿈을 떠올려
신령한 춤을 추고 있구나

광화문 전설 16

타액 흘리는
붉은 개미 떼들이
땀에 젖은 적삼을 걸치고
광화의 땅을 쟁기질하는
하얗게 부활하신
선한 서울의 사람들을
미친 듯 쏘아보고 있네
청잣빛 주작의 눈동자가
성스러운 불을 뿜을 때
그리 멀지는 않다
거짓의 웃음들은
거룩한 백의민족의 수치 아니겠는가

광화문 전설 17

청보리가
피어나던 시절
나의 아버지 어머니
단군의 피를 받은 사람들은
꽃 새 지저귀는
광화의 땅 위에서
거짓 없이 아름다운
그대로의 삶에 순종했다
애련한 철새도
저의 길을 잃지 않았다
빛나는 해와 달도
저의 궤적을 포기하지 않았다
살아간다는 힘겨운 순간들이
불멸하는 우리의 가슴 속에서
한 송이 무궁화 꽃잎으로
피어나길

광화문 전설 18

동이 트면
꽃가마 타실
연지곤지의 처녀가
달빛 길 따라 뉘 몰래
논두렁 요란한 풍악 소리
남사당패 외줄 타기를
넋 잃고 바라보던 곳
소문난 화동 바람둥이
어느 촌부의 엉덩이도
덩실덩실 춤추며 흔들리던 곳
빛 밝아 눈부신 그곳이런가
붉은 눈의 맹인들이 넘볼 수 없는
성스러운 생명의 땅
삼천리 반도를 순례하는
우리 모두의 정결한 삶이
신명 난 광화문의 풀꽃들이요
거룩한 하늘의 사람들이요
백의민족의 혼을 지켜가는
위풍당당한 빛의 동행자인 것을

광화문 전설 19

매서운
혹풍과 눈보라에
사지를 틀어 몸서리치는
겨울 풀잎들의 노래가
아득한 광화의
겨울 들녘을 흔들었네
하늘의 푸른 심장도 귀를 열고
노쇠한 왕들의 화려한 비단옷도
나직이 실타래를 풀어
그 소리에 눈시울을 붉혔네
인고하는 시간의 봄은
연홍의 꽃씨들을 뿌리고
보랏빛 패랭이꽃 흐르는 목화 구름
우직스러운 호박잎의 넝쿨도
탐스럽게만 영글어갔네
벌겋게 불에
화들짝의 순간들이 춤을 추는
거대한 역사의 여름
여름이네

광화문 전설 20

자유가 그리우면
청마의 말발굽을 신고
광화의 평원으로 달려가라
탄식의 시간들이 애처로우면
태양보다 거대한 불덩어리를
두 눈빛 위에 매어달고
터질 듯한 희망의 전사처럼
그곳의 고지를 향해 달려가라
칠흑의 밤이 두려운 것이냐
밝은 대낮이 낯설은 것이냐
무궁한 태극의 영혼과
새파란 생명의 깃발들이
눈부신 광화의 길 위에

광화문 전설 21

땅과 하늘
들풀과 흰 구름의
고적한 마음이
누우런 밭고랑 아래
도원의 보금자리를 틀고
새로운 세상을 잉태하는 곳
노비와 상놈
인왕의 과부와 머슴들이
청아하게 흐르는 달빛 아래서
태극기 수월래의 축제를
눈을 감고 즐기던 곳
시간을 역류하는 슬픈 강물은
보이지 않았다
민첩한 가여운 들쥐들도
찾을 수가 없었다
금빛 날개 퍼덕거리는
불새들의 신전이 눈부시다
광화의 고운 뜰 가에
붉으스레 능소화가 피어나고
덧없이 피어오르고
그 꽃의 그늘은 시원스럽게
아름다웠다

광화문 전설 22

희귀동식물이
장사진을 이루었네
땡볕을 견디지 못하는
붉은 사막 위의 나무들
의문부호의 역사를 흠모하는
기괴한 모습의 몰골들이
수평과 수직으로
섬뜩하게 정렬되어 있네
빛과 물이 흐르던
맑고 푸르른 그곳에
성결한 사람들의 마음
묵언의 해태를 바라보고
탐심의 배를 움켜쥔
서글픈 욕망의 졸인들은
광화의 사거리를
갈지 字로 활보하고 있네
하얀 새벽의 희망이
내일의 세상을 비추일 때
고단했던 삶의 장터는
그 막을 내릴 수밖에
내릴 수밖에

광화문 전설 23

살구꽃 필 무렵
푸른 천둥 번개는
제 몫을 다하고
늦은 봄과 여름의 청개구리는
논두렁 둔덕에 앉아
쌀보리의 풍성을 생각했다
배반의 자유와 희망을 고뇌했다
어제의 일들이란
너무나도 가볍게 유치하다
흐르는 눈물을 막지 마라
흘러가는 생의 시간도
두려워하지 마라
우리는 아직도 모른다
고요히 흐르는 광화의 강물이
그 뉘를 위해 흐느끼는지

광화문 전설 24

영롱하게
살아 있는 모든 것들이
광화의 처마 끝에 달려 있네
바람 한 점 스치면
허무의 세상으로 사라지는
우매한 권력의 가랑잎들
내 우주의 보금자리
고요한 봄의 정원에서
서글픈 애원의 통곡을
하게 될 것인데

광화문 전설 25

시간의 간이역에
비릿한 착란의 비계 덩이로
잠시 머물 수는 있지만
빛보다 밝은 내일의 거처
눈부신 희망의 지평과
새로운 땅의 견고한 철로를
달릴 수는 없다
광화의 작은 움막 속에
자유의 싹들이 움터 오르고
몽실한 꽃들은 피어나고
직립한 민족혼의 나무들은
푸르른 계절풍에 출렁거리며
칠월의 숲을 이루고 있다
검은색 구두
결코, 성스러운 역사의 간이역을
무참히 닫을 수는 없다

광화문 전설 26

청포도의 땅
광화문의 여름은
땡볕보다 붉은
서울 장안의 도적들을
푸른 다이아몬드의 창검을
가슴 한편에 쥐고
저기 하늘을 활공하는
그리운 자유의 꿈을
지켜내고 있지 않은가
광화의 불새들도
깊은 잠에서 깨어나
광란하는 거짓과 오욕
검은빛 불씨들을
한강 물 맑게 떠 물어와
조용히 연소하려 한다
흰옷 입은 아가들이
저보다 키 큰 분수 아래서
옹기종기다

광화문 전설 27

배롱 꽃 필 때
반도의 땅과 하늘은
하얀 세마포 입은
선한 사람들과 함께했다
검붉은 폭풍의 시대
이제 우리 모두
먹구름의 시간을 털어버리자
천둥과 번개가 내리치면
오래도록 버티고 선
광화문의 슬픔들이
한없이 밝아지려나 보다
분홍의 혁명에 취해버린
배롱 꽃들이 웃고 있다

광화문 전설 28

신령한 민족혼의
기운이 서려 있는 땅
성스러운 생명의 꽃들이
눈부시게 피어나는
빼앗길 수 없는 민족의 땅
그 무엇이 이곳을
침범할 수 있겠느냐
동이 트는 고요의 새벽까지
태극기의 등불 켜 든
흰옷 입은 겨레의 선민들은
광화의 성지를 찬탈하는
붉은 발톱의 무수한 화적떼를
활화산처럼 타오르는
드높은 불굴의 기상으로
서로 서로의 손을 잡고
마지막 남은 자유의 움막을
거룩한 의지로 지켜내었다
2019. 7. 16 새날에

누가 이 땅을
지키라 말했는가
그 누가 이 땅의
심장을 딛고 선
뜨겁게 타는 나무가

3부 광화문 전설

광화문 전설 29

누가 이 땅을
지키라 말했는가
그 누가 이 땅의
심장을 딛고 선
뜨겁게 타는 나무가
되시라, 말했는가
여름날의 가녀린 여치가
다소곳이 울며 말했는가?
장강의 물결로 흐르는
드넓은 광화의 바다
자유의 불새들이
힘차게 퍼덕거리는
민족의 성지가
되어버렸다

광화문 전설 30

색동옷의 아가들이
광화의 바다를 노 젓고 있네
아득히 그 길은 멀지만
푸르게 깜박거리는
저 동해의 외로운 등불을
님 인양 바라보고 있네
기우뚱한 한 척의 돛배가
위선과 거짓의 풍랑을
다스리고 있네
장엄한 시간의 불길들이
그 땅의 쓰라린 눈물을
태우고 있네

광화문 전설 31

하나가
첫소리의 울음을
터뜨릴 때
논 개구리 여름철 굼벵이도
따라서 운다
검은 비구름이 낮은 음표로
광화의 땅을
스칠 때면 더욱 그렇다

광화문 전설 32

달빛 사라진
먹구름 우기의 삼경
거짓의 잠에 취해버린
민족의 밤을 깨우는
신령하게 퍼지는 울음소리
푸른 섬광의 두 눈 부릅뜬
청홍의 태극 불꽃
깊은 가슴에 품어
빛나는 반도의 혼과 얼을
기필코 찾아 헤이는
성스러운 조국의
혁명가 그리고 선구자
광화의 평원을 힘차게 달리는
야생의 늑대 "그 사람"

광화문 전설 33

태초의 땅과 하늘이
거센 비바람을 몰고
푸르게 푸르게 열릴 때
상서로운 물과 불의 기운이
빛과 생명의 알을 품고
평온히 안주하는 한민족의 터
불꽃같이 타오르는
무궁한 태극의 우주 아래서
온갖 세상의 희로애락을
옥빛보다 눈부신 옷을 걸치고
천리天理의 힘으로 수수만년 치리하던
거룩한 동방 선민들의 터
21세기의 검은 광풍이 무엇이냐
흑암의 밤은 물처럼 흘러가리니
출렁거리며 다가오는 꿈의 시간
그 눈부신 미래의 바다가
동트는 광화문의 새벽 뜰 가에
고요히 펼쳐지리니

광화문 전설 34

아리랑 정선의 재를 넘고
북한산 청솔 나무 기슭 따라
무악 고개 우마차로 넘으면
푸른 버들잎 휘청거리는
황금빛 가야금 곡조에
뭇 서리가 화관무를 추는
신성한 광화의 땅에 이른다
내일의 날이 어슬렁어슬렁
걸어오시면 어질고 해 같은 임금님
어설픈 뒷짐의 기침을 하시고
인왕의 파랑새들은 지저귀고
볏짚 엮은 누우런 선민의 초가에선
장마의 아이들이 싹처럼 태어나고
누가 무어라 누가 무어라 말할 것이냐
그 무엇으로 지우려 하느냐
고되고 기름진 황토 위에서
짙은 그리움으로 피어나는
자유대한의 파릇한 생명의 씨앗들을
촛불 밝혀 칠흑의 밤을 넘는
거룩한 백의민족의 아침을

광화문 전설 35

청보리가
하늘의 심장을 찌르고
파아란 칠월의 한강 물이
깊고 깊은 광화의 땅을
침묵으로 흐르누나
그 뉘가 그곳에
변심 없는 한 그루 나무로
고요히 설 수 있는가

광화문 전설 36

호박꽃 위 나비 한 수
솔 나뭇가지 위에 둥지 틀
보이지 않는 무명의 벌레를
자유의 하늘을 날고 있는
기억의 집에서 버리지 마라
옛적의 일들이라 망각치마라
욕정의 떼거리들이 활개 치며
광화문의 저잣거리를 비틀거림도
가슴에 핀 맑은 눈으로
헛되이 지우지 마라
지독하게 거룩한 삼복의 열사들이
열두 개 손가락으로 치켜든
신성한 태극기의 깃발을
희열과 기쁨으로 넘쳐흐르는
불같이 타는 광화문의 희망을

광화문 전설 37

백두의 호랑이
한라의 들꽃들이 그려진
하얀 창호지 연들이
광화문 하늘에 떠오르네
멀뚱한 두꺼비의 눈이 바라보고
늙은 할미새와 딱따구리
게으른 졸참나무 이파리들이
신기한 풍경이라고
갸우뚱 머리를 흔들고 있네
미묘한 세상의 일들이란
비밀의 집에 살고 있는
창백한 바람 소리인지도 모르네
깊은 밤이 가고
광화의 새벽안개가
낡고 외로운 문풍의 벽을
무심히 애무할 때면 모를까
아무도 모르는 거다
그래 전설은 그려지는 거다
허점 없는 생명의 지문으로
진지했던 그대 곁에
남겨지는 거다

광화문 전설 38

하늘의
사람들이 내려와
꽃씨를 뿌리고
뜨거운 숯불을 태우고
가난한 시를 읊조리는
어진 농부와 어부들의 땅
죄 없는 물고기
푸른 창공을 노니는
순결한 뭇 새들과
상생의 터를 이루는
비밀스러운 삶의 보금자리
불덩이로 활활 타는
거룩한 너와 나의 집

광화문 전설 39

빛의 씨앗들이
어둠과 절망의 벽을 넘어
불꽃의 숲을 이루는 곳
자비와 평안의 금 마차가
땅과 하늘의 선민들을 싣고
기름지고 신령한
푸른 밭고랑의 길을 따라
바람처럼 흘러가는 곳
어제의 고통과 슬픔일랑
망태기 속에 모조리 구겨 넣고
먼 시간의 지평에서 달려오는
화사한 귀인들의 눈부신 행렬을
기쁨의 가슴 활짝 열어
기다리는 곳

광화문 전설 40

보이지 않는
수천의 길이 있네
애틋하게 사랑 나누던
이름 모를 연인들의 길이
빛나는 그곳에 있네
복사꽃 필 때 흐르던
하얀 뭉게구름의 길이 있네
불의 가슴으로 애태우던
성스러이 살아 있는 눈물의 꽃
웅장한 태극기의 길이
그곳에 펼쳐져 있네
길이 있네 길이 보이네
보이지 않는 수만의 길이
그곳에 있네

광화문 전설 41

그곳이
가슴에 품은
유일하게 간직한
불변의 꿈은
자유의 성벽을
지켜가는 것
불사르며 날아가는
숭고한 의지의 날개를
펼쳐가는 것

광화문 전설 42

범종 소리가
광화문의 밤을 울리면
서글펐던 모든 것들은
오묘한 세상의 창을 닫고
깊고 깊은 잠을 청했지
무릉을 헤매는
청솔보다 푸른
아련한 생의 꿈들을
하얀 모시 베개 위에
풀잎으로 뉘이며

광화문 전설 43

살아 있다는
우리들 기억의 파편들은
지금 무엇을 향하고 있나
자유가 그리워 피를 흘렸던
지난 시간들을 흠모하는 걸까
야망과 거짓의 부끄러운 일들을
검은 뇌리 속에 은닉하려는 걸까
동토를 강타하고 사라져버릴
정결한 폭풍의 눈빛들이
죽어서도 질문하고 있지 않은가
고요한 광화문 광장에 그려진
침묵하는 고운 빛깔의 단청무늬가
거칠게 천둥·번개 내리치는
푸르고 청량한 오늘 밤이 되었으면
좋겠다 좋겠다 눈짓한다

광화문 전설 44

솔가지 엮은
외나무다리를 건너
우리의 발걸음은
빛들의 땅을 밟았다
붉은 포화의 욕정들이
청사초롱의 그윽한
밤의 시간을 건너
언제나 눈을 뜨시어
낭인처럼 돌아오실까
한 맺힌 칠월을 통곡하던
자비로운 광화의 신들께서
아직은 우리 모두
부끄러운 파안대소다

광화문 전설 45

눈을 감고
동그랗게 불타는
찬란한 물결
태극의 바다를
노 저어 가자
거짓 없이 아름다운
저기 파랗게 등불 켜져
반짝거리는
구국의 항구를 향하여

광화문 전설 46

물과 불은
어느때가 오면 해후한다
속절없는 바람
처마 끝의 빗물도
빛의 날들이
도적처럼 기지개를 펴면
서로의 가슴을 부둥켜 안는다
인자의 꽃들이 피어나는
푸른 광화의 들녘에
낙동강이 흐르고
꿈틀거리는 물결의 자유가
거룩한 조국의 태양 아래
몸서리치고 있다

물과 불은
어느 때가 오면 해후한다

4부 광화문 전설

광화문 전설 47

광화문의 매미 소리가
거짓의 벽을 무너뜨리는
하늘의 절규라는 걸
어렴풋이 알게 되네
여름날의 뜨거운 걱정은
저를 못 이겨 흘러가고
떡갈나무 파아란 고독은
순결의 기승을 부리고 있네
광화의 집은 이내 고요하지만
침묵하는 내장의 우주를
불태우고 있네

광화문 전설 48

누구도
패륜의 욕망으로
넘을 수 없는
눈부신 순수의 성벽
태극의 깃발이
폭풍 속에 나부끼는
광화의 힘이다

광화문 전설 49

세상이
꿈처럼 흘러가도
나는 그곳에
뜨거운 피로 흐르는
3·10 다섯 분의 삶을
잊지 않을 거다
몹시 그리워져서
낡은 거적의 혼이 된다 해도
선혈의 꽃봉오리
고운 빛깔로 피워낸
거룩히 눈부신 그 거리를
조용히 눈을 감고
걸을 것이다

광화문 전설 50

작은 풀잎이
그곳 뜰 아래 살아 있었네
욕심도 잊은
그 불씨 한 톨이 살아 있었네
목이 접히고 허리 꺾여도
당당한 기풍으로 살아 있었네
전설의 한 마리 나비처럼
꿈을 꾸듯 살아 있었네

광화문 전설 51

놀 빛 눈 부신
광화의 강가에서
자비로우신
내 어미와 아비
끝없이 그리울
내 자식의 삶을
무릎 조아려
생각했다

광화문 전설 52

불덩어리 송진 향으로 흐르는
성스럽게 휘어진 광화의 강가
그곳은 5000년 온갖 사계절의
비밀들을 가슴에 부둥켜안고
주검도 없고 어둠도 없는
거룩한 몸부림으로 피고 지던
민족혼의 순결한 들꽃들이 살아있다
검은 포화와 잔인의 언덕을 넘어
슬픔과 비애의 고통스러운 벽을
생살 터진 맨손의 힘으로 뚫어버린
정금 보다 눈부신 선민들의 삶이
고스란히 흙 속에 묻혀 있다
큰 나무의 푸르른 위용으로
장엄하게 높은 산맥의 등뼈처럼
탄탄히 버티고 서 있다
칠흑의 밤과 겨울이 깊어갈수록
찬란한 봄의 광화는 가까웁다

광화문 전설 53

푸른 동해 바다
불모래 위를 뛰놀던
구릿빛 섬 머슴아이가
도성의 벽을 바라보네
말 없는 주작과
누워버린 현무의 벽화를
무심히 바라보고 있네
천지의 동이 트는 일은
자비로운 신들의 일이네
치악에 있던 작은 까치도
인왕산 중턱 솔 나뭇가지에
하얗게 서린 고단했던 깃을
눈감고 내리고 있네

광화문 전설 54

순수의 꽃들은
스스로의 길을 간다
퉁퉁거리며 뛰는
자비로운 하늘의 심장
성스러운 시간의 일들은
불변으로 살아가는
거룩한 자유의 힘이다
차가운 동토의 거리에서
찬탈 될 수 없는
엄숙한 생명의 일이다
그것의 고요한 호흡들이
새파란 광화의 땅에 펼쳐진
자유대한의 존재 이유다

광화문 전설 55

갓 쓴 하늘의 사람들이
불씨 한 톨을 품에 안고
구름 타고 내려오신 땅
해태의 침묵은 거룩히 서 있고
상서로운 불새들의 기상은
천지의 기운으로 치솟아 오른다
빛보다 밝아 바라볼 수 없는
무한히 별꽃들이 피고 지는
신성한 우주의 중심인 곳
비단과 목화씨의 광활한 대륙
반도의 끝자락을 수놓은
조그맣게 웅지 튼 황제의 열도는
자비의 큰 손으로 보듬어야 할
한 조각 푸른 머리띠에 불과하다
잊지 마시기 잊지 마시기 바란다
도무지 망각하지 않기 바란다
시샘도 굴절도 없이 흐르는
아름다운 세상의 맑은 샘물이

거룩한 광화의 땅에서 시작되었음을
치마저고리 흰색 옷 몸에 두른
해맑은 눈빛의 눈부신 성자들
아직은 아직은 침묵의 힘으로
광화의 길을 걷고 계시다

광화문 전설 56

어둠을 꺾는
우리들의 빛나는 날에
사대문이 춤을 추고
푸른 인왕산도 들썩거리고
죽어있던 태극의 혼들도
신령한 몸짓으로
들썩들썩 어깨춤을 추고
오욕의 멍석을
활활 불태워 내리치는
우리들의 거룩한 그 날에
그 날에

광화문 전설 57

광화의 봄은
섬 머슴의 꿈에서
찾아오신다
눈보라의 겨울이
매섭게 춥고 외로울수록
기쁨에 타는 꽃의 봄은
부활의 기적으로
밀려온다

광화문 전설 58

광풍 몰아치는
서글픈 흑암의 절기도
물이 마르고 불꽃의 열정들이
한 줌의 연기로 사라지듯
시간의 자비와 냉정 속에서
고단한 몸을 감추는 법이다
겸허하라 겸허하라
그리고 지독하게 옷깃 여미어
빛나는 생명의 무게를 생각하라
고요한 현자들의 날카로운 눈빛이
삶의 꼭짓점에 주렁주렁이 매어 달려 있다
소박의 뿌리로 생을 지탱하는
푸릇푸릇한 한 가닥 풀잎의 의지를
가슴에 떠올려 보라
외로운 광화의 움막집에 은닉하는
침묵의 노래에 귀 기울여 보라
성큼성큼 새벽의 발자국은 다가오고
동방의 밝은 해는 눈부시게 오르고
등불 켠 푸른 희망의 깃발들이
이 세상 어둠 속에서 펄럭일 테니

광화문 전설 59

봄이 오면
나는 늘 푸른
광화의 땅을
단신의 몸으로 찾아가
누추하게 옷을 걸친
사랑과 자유의
견고한 씨앗 한 톨을
부끄럼 없는 가슴으로
심을 것이다
우리들의 밝은 봄날이
말없이 말없이
찾아오시면

광화문 전설 60
- 광화문 수월래

빛의 성자들이
걷고 있네
달빛 사라진
먹구름의 하늘이
가슴 풀어 함께 하네
시간의 마차도
꽃향기를 뿌리고 있네
광화의 뜨락에 반짝거리는
춤사래의 혼들이
넘쳐흐르네
기쁨의 혼만으로
넘쳐흐르네

광화문 전설 61
- 분노의 벽

오천 년 흐르는
위대한 민족의 혼과 숨결이
박제되어 울고 있는
무수한 별꽃처럼
수놓아져 있네
동트는 빛의 새벽이
광화의 문을 비스듬히 열 때
태극기의 등불 든
노신사들의 등짝 위에
한 서린 망국의 눈물들이
주르륵 주룩 흐르누나
나지막한 그 벽을 타고
서러움의 흐느낌이
조용히 조용히 흐르누나
우리들의 찬란한 조국
자유대한민국의 부활을
가슴에 품으며

우리들의 찬란한 조국
자유대한민국의 부활을
가슴에 품으며

5부
광화문 전설

광화문 전설 62
  - 퀴어 축제를 바라보며

실성해버린
인간의 짐승들은
성스러운 암수 놀이가
무언지를 모르지
호박꽃과 붉은 아편
물과 불의 유희가
그 무엇인가를
생각할 수도 없지
겨울을 지나
순결하게 피어나는
아양의 들꽃들이
아름다운 세상의 천국을
수놓아 가는 줄도
생각하지 못하지
달과 별과 시간의 눈물
어미 아비의 사랑 같은 것은
꿈에도 알 도리가 없지
우리는 지금의 우리는

퍼얼펄 함박눈도 내리지 않는
잔인한 유월의 크리스마스를
불타는 기억의 집 속에
슬픈 지문의 혼으로 새기고 있다
가슴의 혈을 관통하는
자유와 민주의 푸르른 벌판
빛나는 광화의 거리에서

광화문 전설 63
- 절대 침묵 3

길을
걷는 것이다
두려움 없는
빛의 마음으로
그대의 삶을
사랑하는 일이다
오직의 힘으로
활활 타오르는
생명의 불꽃으로
불꽃으로

광화문 전설 64
- 태극의 방주

우주가 함몰되듯
세찬 폭우가 울었다
개벽이 되려면
세상의 모든 것들은
물의 통곡과 절규를
귀로 듣고 바라보아야 한다
회리 치는 흑암의 바다에
신령한 빛의 힘으로 떠오른
눈부신 태극의 방주를

광화문 전설 65
- 소라탑 아래서

나는
자유의 샘물을 생각했다
누구도 간섭할 수 없는
희망의 물길을 바라보았다
꽃들이 피어나는
아름다운 그대의 조국을
낡은 혁대의 허리띠를
움켜쥐고 지키고 싶었다
너와 내가 보듬는
찬란한 우리들의 삶을
뜨거운 숯불의 두 손으로
부둥켜안고 싶었다
보랏빛 바닷바람이 똬리 튼
소라탑 아래서

광화문 전설 66
- 들개

아라비아 사막을 건너
숨결처럼 차마고도를 넘어
희고 푸른 백두의 하늘까지
뛰어갔으면 좋겠다
맑은 젖가슴 한라의 봉우리에
외로운 찬 서리가 흐르고
향긋한 무궁화의 절규가
새벽의 태양을 토할 때까지
뛰는 심장과 사지를 포개어
푸르른 반도의 뜨거움을 향해
바람의 두 날개인 양
마냥 숨죽이어 달리고만 싶다

광화문 전설 67
  - 광화문의 새벽 그리고 희망

붉은빛으로 충혈된
음흉스러운 눈동자들이
백의를 두르고 절규하는
거룩한 민족혼의 푸르른 외침을
손사래쳤다
피의 강물이 꽃 피운
눈부신 광화의 들녘과 심장을
도적의 발걸음으로
6·25와 3·10의 숭고한 역사마저
찬탈해 버렸다
그러나 우리는 어둠의 장막을
오장육부의 창과 검을 들어
불같이 타는 전신의 힘으로
냉혈한 무리를 위해 저항했다
저기 동방의 밝은 해가 고개를 든다
산천초목의 웅지와 어울려
조국의 희망을 노래하라 노래하라
힘차게 손짓하고 있다

영광된 천손의 나라
불멸하는 자유대한민국의
무궁한 꿈과 정기를
아름다운 그곳의 땅과 하늘 속에
순결의 두 손 모아
곱게 곱게 심어 놓으라고

광화문 전설 68
-광화대

푸른 혈로 흐르는
뜨거운 하늘의 기운이
태극 수월래 빙빙 도는
광화의 땅을 비추는구나
수수만년 비바람에 피고 지던
민족혼의 순결한 꽃망울들이
눈이 부신 궁전을 두르고
자유의 몸짓으로 흔들리누나
이제는 광화대이다
굽이치는 새로움의 강물이
철철 넘쳐흐르는구나
청결하고 거짓 없던
그리운 사계의 꿈들이
굽은 등과 휘어진 허리를
활짝 활짝 펴기 시작하는구나
이제는 광화대이다
우리들의 고된 호흡들이
드높은 한라와 백두의

푸르른 기상과 함께하고
활화산처럼 부활하는
성스럽게 단장한 아름다운 곳
인왕의 솔가지마다 오색 등불 켠
빛의 물결 가득히 천지에 흐르는
자유 대한의 거룩한 터
이제도 어제도 끝없이 그리워질
영광스러운 우리들의 광화대여
불멸하는 우리들의
빛나는 신전이여

광화문 전설 69

장강으로 흐르는
우리 단군님의 눈물은
어느 곳에서 멈출꼬
애달프던 성군과 성자들이
희로애락 하시던
복사꽃 핀 궁전의 뜰 아래서
두엄 덩어리와 늙은 쑥갓이
행여나 뒤범벅되어버린
해 지는 초야의 들녘에서
아닐것이네 아닐것이네
바람도 온건하고 은행나무도
파릇파릇이 성장하는
자유의 불새들의 퍼득거림이
생명의 축제를 읊조리는
신성한 날의 광화문일 테다
이것이 국가의 푸른 꿈이며
오점 없이 신명 난 미래의
모습일 것이다

광화문 전설 70

보이지 않는
연꽃의 의지로
성스런 광화의 땅
가장 깊은 곳에서
불타고 있다
여름날이 가고
단풍의 절기가 찾아오고
화롯불 옹이진
하얀 겨울의 폭설이
퍼얼펄 나릴 때까지
눈물 어린 자유의 가슴을
꺼짐 없는 용기로
부둥켜안으며
활활 타오를 것이다

광화문 전설 71
-8월의 오후

고요도 침묵도
낡은 의지의 혁명도
8월의 오후에는
입을 닫아라
꽃잎도 강물도
홀로 흐르는 사랑도
눈을 감아라
한때의 삶을
그 뉘가 모르리오
돌인 듯 모래알인 듯
바닷가 외로운 순례를
기어이 떠올리자
바람 가르는 새들의
자유로운 비상처럼
8월의 오후에는

광화문 전설 72

푸른 섬광의
반딧불 한 점이
어둠의 벽을 뚫는다
바람에 쓰러지는
풀 한 줄기의 아우성이
폭풍의 검은 덫을 깨뜨린다
물 한 방울의 몸부림을
태산처럼 요동치는 풍랑도
잠재울 수는 없다
때가 오면 때가 오면
갇혀있는 세상의 모든 것들은
의지의 투구를 쓰고
자유의 푯대를 향하여
달음질할 뿐이다
심장과 목이 터지도록
눈부시었던 8월의 꿈을
노래하게 된다
날이 기울고 해가 오른다

광화문 전설 73

타는 여름
열정에 익어버린
가랑잎 한 장
죄 없이 청명스런
갈바람 한 점
실성해 비틀거리는
광폭의 동토 위를
전사의 창으로 스치었다
그것은 새로운 막이 열린다는
거룩한 예감의 신호탄
푸른 반도의 그리운 들녘에
황금 열매의 알곡들이
누우렇게 익어가고
자유의 깃발 든
눈물 어린 거리의 성자들은
퉁소와 아쟁이 소리
하늘 쪽으로 울릴 채비다
밝은 그날이 기쁨의 그 날이

새벽의 빛처럼 조용히
찾아오시려나 보다

광화문 전설 74

광화의 불새들이
단청 빛 고운 북채로
하늘의 종을 칠 것이리
황금 처마 둥지 튼
솔 나뭇가지 끝에
꽃별의 춤사래가 달리고
동해의 푸른 물결은 흘러가고
한라와 백두의 재를 넘은
수수 억년 신성한 바람은
뜨거운 아리랑 타령에
혼과 넋을 슬금히 놓아버렸다
그 무엇의 어둠과 절망들이
찬연한 빛의 마당을
히히덕이며 노닐 수 있는가
그 무엇들의 광란과 비열이
백의민족의 맑은 혈통을
간음질할 수 있는 것인가
꿈틀거리는 세상의 물길들은

오점 없이 흘러가는
눈부신 광화의 실핏줄로부터다
어둠 밝히는 시간의 등불들은
송진 향으로 타오르는
동방의 작은 불씨로부터다
우리가 모두 흠모하는
너무나도 찬란하게 나부끼는
그리운 자유의 깃발이여
조화와 상생의 거룩한 꿈
불멸하는 태극의 영혼이여
모진 슬픔과 고통의 기억들이
빗대어 살아갈 수 없는
영원히 아름다운 미래의 땅이여
빛나는 광화문의 전설이여

⟨해설⟩

《광화문 전설》

姜笑耳 미경 (시인, 문학평론가)

1. 들어가는 말

김원 시인은 지금껏 세 권의 시집을 상재했다. 첫 번째 시집 『빛과 사랑과 영혼의 노래』에 1,000편, 『물방울 꽃들은 바다로 흐른다』(2016년 4월)에 60편, 『한강』(2019년 10월)에 60편을 상재한 바 있다.

『물방울 꽃들은 바다로 흐른다』와 『한강』시집의 해설을 필자가 썼다. 『물방울 꽃들은 바다로 흐른다』의 시는 자연, 어린 시절에 대한 그리움, 사랑, 소통에 대한 갈망 등 일상에 대한 소소한 일들을 사유와 철학적으로 이끌어가는 시 세계를 보였다. 『한강』의 시는 집단 사고(통일을 염원), 꿈의 원형(Archetype), 노자老子의 도덕경에서 말하는 물의 대의大義에 닿아 있었다. 라캉이 말하는 욕망, K. Jung이 말하는 집단무의식적 욕망을 보인 시편들로써 서양의 정신분석학과 동양의 철학성을 모두 담아내고 있었다. 해서 많은 독자들의 공감을 얻은 것으로 알고 있다.

1년의 세월이 지났다. "광화문 전설"이라는 제목으로 70여 편의 시를 몇 개월에 걸쳐 써 모아놓았다고 시집으로 묶겠다는 연락이 왔다. 다른 시인들은 평균 3~4년에 한 번 정도 시집을 낸다. 사유와 고뇌로 불면의 밤들과 시적 표현으로 형상화하려는 표현의 기교라는 옷을 입고 몇 번씩 교정을 반복한 뒤에 시집을 내놓곤 한다. 그런데 김 시인은 시에 대한 열정이 넘쳐나는지, 마치 뭔가에 사로잡힌 것처럼 시를 써서 모았다고 원고 뭉치를 건네주었다.

　김 시인이 자필로 적어서 건네준 시들을 워드 입력하면서 '이번 시집 『광화문 전설』의 해설을 쓰는 것이 쉽지 않겠구나' 라는 생각 앞에서 주춤하지 않을 수 없었다. 자연 예찬, 일상적 사유, 연정 등의 보편적인 서정시라면 해설을 쓰는 일이 매우 수월하다. 그런데 김 시인의 '광화문 전설'은 녹록하지 않은 여러 가지를 함께 고찰해야 하기 때문에 쉽게 쓰여지지 않을 것 같다는 생각이 들었다. 전공 시간에 배운 내용이지만, 필자 나름대로 참여시의 역사를 일일이 다시 공부해야 했고, 김수영, 신동엽, 김지하 등의 시집을 몇 번씩 탐독하는 노력도 필요했다. 지금껏 평론을 많이 써왔지만, 이번 평론만큼 시간과 노력이 든 경우는 없었다. 김 시인의 시집 해설 부탁을 맡은 게 세 번째 일이다. 김 시인의 시의 경향을 필자는 누구보다 잘 파악해 오곤 했다. 종이에 적어준 시들을 워드 입력하는 일에서 편집과 해설 쓰는 것까지의 전체 과정을 맡아서 해온 게 세 번째 반복하는 일이다.

문학 비평의 방법은 외재적 비평방법과 내재적 비평방법이 있다. 외재적 비평방법은 문학 작품이 현실 상황 즉 정치나 그 시대적 상황과의 연관성을 고려하여 작품을 비평하는 방법이다. 내재적 비평방법은 외적인 상황을 배제하고 문학 작품만을 비평하는 방법이다.

W. 워즈워드는 "표현의 욕구"에 대해서 강조했다. 표현하고 싶은 욕구와 원고지 위에서만이라도 자유롭고 싶은 게 모든 시인의 갈망이다. 그러나 사회 현실에 대한 참여시는 독자 한 사람 한 사람의 찬반이 엇갈리는 문제가 될 것이다.

문학의 현실참여에 대해서는, 오래전부터 여러 문인들의 논쟁거리가 되어온 것이 사실이다. 김원 시인이 시에서 절규하는 것이 무엇인가에 대한 것은 논외로 하기로 한다. 그것은 평론가가 관여할 영역이 아니기 때문이다. 다만, 필자는 전공자로서의 냉정한 문학적 잣대만으로, 내재적 비평방법으로 시집의 해설을 쓰는 입장을 먼저 밝혀두는 바이다.

2. 시편 들여다보기

가. 「광화문 전설」의 시공간

1) 광화문과 광화 광장

세월호부터 광장에 모인 시민은 거의 100만~200만이었다. 그들이

2000만에 가까운 민의의 대표성을 획득했는지는 의문이다. 김원 시인의 「광화문 전설」에서 말하는 광화는 태극정신의 근원적 의미가 내포된 것으로 생각된다.

'광화'의 낱말 뜻은 "군왕의 덕이 온 나라와 백성을 빛의 마음으로 비춘다"는 뜻이다. 매우 고귀한 뜻을 지니고 있다고 하겠다. 세종대왕과 이순신 장군의 동상, 세종문화회관 앞에서 국민은 촛불을 들거나 태극기를 들곤 했다. 그러나 그들의 주장이 옳고 그른 것인지, 그들의 집회의 정당성이 입증될지 어떨지는 논외로 하기로 한다. 다만, 김원 시인의 시집 『광화문 전설』 전편에 흐르는 주제를 크게 상생과 화해, 부활, 잠언과 같이 모든 인류에게 희망과 긍정을 주는 시로 나눌 수 있다. 그런 면에서 볼 때, 신동엽 시인의 평화공동체 사상과 맥이 닿고 있는 것을 알 수 있다. 면면을 살펴보자.

나. 부활, 상생과 화해, 평화와 자유를 갈망하는 시편들

1) 부활의 갈망을 노래한 시

광화문 전설 57

광화의 봄은
섬 머슴의 꿈에서
찾아오신다   눈보라의 겨울이
매섭게 춥고 외로울수록

기쁨에 타는 꽃의 봄은
부활의 기적으로
밀려온다

"눈보라의 겨울이/매섭게 춥고 외로울수록/기쁨에 타는 꽃의 봄은/부활의 기적으로 밀려온다"라는 표현을 보자. 겨울 다음에 봄이 오는 계절의 순환은 당연한 자연의 순리이다. 그런데 그것을 부활의 기적이라고 했다. 눈보라의 겨울이 매섭게 춥고 외로울수록 꽃의 봄이 기쁨에 타기 때문이다. 평범한 자연현상을 심오한 기적으로, 그것도 부활의 기적으로 끌고 가는 김 시인의 담론이 예사롭지 않다. 특히 광화의 봄이 섬 머슴의 꿈에서 찾아온다고 했으니, 이 속에 김 시인의 평등사상이 들어있다고 해야겠다. 머슴이라는 노비 신분 제도가 무너진 지 오래다. 그런 현실 상황에서 굳이 사라진 머슴을 끌어와 머슴의 꿈에서 봄이 찾아온다고 한 것은, 소외된 계층의 꿈에서부터 봄이 찾아오길 갈구하는 김 시인의 시인된 갈망이라고 할 수 있을 것 같다. 다음 시에 나타난 부활의 이미지도 감상해 보자.

광화문 전설 4

개벽의 아침은
내면의 검은빛 문짝들이
무참히 깨어질 때 찾아온다
스스로의 주검을 쌓아가는

허망의 슬픈 그림자를
눈을 감고 태울 때
그것은 신령한 의지의 고개를 든다
갓 쓰고 댕기 머리한
고조선의 선남선녀들이
다시 한번의 그리움을 기억하며
빛 밝은 광화의 뜰을 찾아와
화통한 웃음으로
설움의 지난 시간들을
가슴에 품을 때다
절대로 절대로 그것의 풍경을
잊어서는 아니 된다
이른 새벽의 초록빛 새소리
그 꿈들이 부활하고 있다
깊은 강물은 지금도
말없이 흐르고

  위의 시에서는 "고조선의 갓 쓴 선남선녀들이/다시 한 번의 그리움을 기억하며/빛 밝은 광화의 뜰을 찾아와/화통한 웃음을/ … 이른 새벽의 초록빛 새소리/그 꿈들이 부활하고 있다"고 했다. 한반도에 최초로 세워진 부족국가인 고조선의 선남선녀들이 초록빛 새소리로 부활했다는 것이다. 엄청난 상상력이다. 고조선이라는 시대가 현재하는 시간으로 뛰어넘는 시간 이동에 주목해야 한다. 또한, 갓 쓴 선남선녀들은 초록빛 새소리로 부활했다. 사람이 새소리로 부활한 것이다. 시간과 생태계를 뛰어넘는 상상력의 증폭을 이 시에서 읽을 수 있다. 한 가지 더 부연하면, 새소리는 청각적 이미지다. 그런데 소리를 초록빛 소리라고 했다. 소리에는 색깔이 없을 터인데, 소리에 색을 입혀서 초록빛 소리라고 했다. 분홍빛이나 노란빛 새소리가 아니라 초록빛 새소리다. 초록빛은 생생함, 융성, 발전의 이미지를 갖고 있다. 생생한 소리, 융성한 소리, 발전적인 소리로 부활한 것을 의미했다고 볼 수 있다. 청각을 시각화한 공감각적 심상이다. 위에서도 언급했지만, 김 시인은 직설적으로 한자어와 관념어를 나열하지 않고, 시어를 다루는 기교와 표현력이 뛰어나다고 하겠다. 위의 시에서 살펴본 것과 같이 부활의 이미지는 다음과 같이 상생(相生)과 화해의 담론으로 이어진다.

2) 상생(相生)과 화해의 평화공동체 지향의 시편들

광화문 전설 58

광풍 몰아치는
서글픈 흑암의 절기도
물이 마르고 불꽃의 열정들이
한줌의 연기로 사라지듯
시간의 자비와 냉정 속에서
고단한 몸을 감추는 법이다
겸허하라 겸허하라
그리고 지독하게 옷깃 여미어
빛나는 생명의 무게를 생각하라

고요한 현자들의 날카로운 눈빛이
삶의 꼭짓점에 주렁주렁이 매어 달려 있다
소박의 뿌리로 생을 지탱하는
푸릇푸릇한 한 가닥 풀잎의 의지를
가슴에 떠올려 보라
외로운 광화의 음막집에 은닉하는
침묵의 노래에 귀 기울여 보라
성큼성큼 새벽의 발자국은 다가오고
동방의 밝은 해는 눈부시게 오르고
등불 켠 푸른 희망의 깃발들이
이 세상 어둠 속에서 펄럭일 테니

  위 시에서는 하늘, 사람, 꽃씨, 숯불, 가난한 시, 어진 농부와 어부, 물고기, 푸른 창공, 순결한 뭇새들이 하나로 어우러져서 상생하고 있음을 보이는 시라고 하겠다. 위의 사물들이 서로 상생하는 터-삶의 보금자리 가 거룩한 너와 나의 집인 것이다. 너의 집만도 아니고, 나만의 집도 아닌 우리 모두의 집, 즉 상생과 평화공동체를 노래하고 있다고 하겠다. 이 시는 신동엽의 금강 2에서 보인 평화공동체를 추구하는 것과 주제가 연결된다. 신동엽의 금강 2도 감상해 보자.
  "우리들은 하늘을 봤다/1960년 4월/역사는 짓눌던, 검은 구름장을 찢고/영원의 얼굴을 보았다/잠깐 빛났던,/당신의 얼굴은/우리들의 깊은/가슴이었다/하늘 문 한아름 떠다./1919년 우리는/우리 얼굴 닦아 놓았다/1894년쯤엔,/돌에는 나무 등걸에는/당신의 얼굴은 전체가 하늘이었다."

신동엽의 금강 2에서는 1960년 4·19 혁명은 1919년 3·1운동의 연결이며 곧 1894년 동학혁명의 연결이라고 강조하면서, 당신의 얼굴 전체가 하늘이라고 했다. 한울님 사상, 인내천 사상을 말하고 있다. 쉽게 말해서 민심이 곧 천심이며 동학혁명-3·1운동-4·19 혁명은 하늘 마음의 표현이었다는 담론이다. 해서 신동엽을 민족시인이라고 명명하기도 하지만, 위의 시에서 신동엽 시인이 갈망한 것은 평화공동체였으며, 상생(相生)이었음을 간과할 수 없는 일이다. 다음 시는 상생과 해후를 노래한 김 원 시인의 시다. 표현과 수사뿐 아니라 철학성과 문학성이 뛰어난 작품이라 여겨진다.

광화문 전설 46

물과 불은
어느 때가 오면 해후한다
속절없는 바람
처마 끝의 빗물도
빛의 날들이
도적처럼 기지개를 펴면
서로의 가슴을 부둥켜 안는다
인자의 꽃들이 피어나는
푸른 광화의 들녘에
낙동강이 흐르고
꿈틀거리는 물결의 자유가
거룩한 조국의 태양 아래

몸서리치고 있다

  우리가 다 아는 것처럼, 물과 불은 상극이다. 물은 불을 끈다. 물의 속성은 차갑고 불의 속성은 뜨겁다. 그런데 "물과 불은/어느 때가 오면 해후한다"라고 했다. "처마 끝의 빗물도 …서로의 가슴을 부둥켜안는다"라고 했다. "푸른 광화의 들녘에/낙동강이 흐른다"라고 했다. 광화문 광장은 시멘트 바닥으로 되어있다. 아스팔트 길이기도 하다. 그런데 그곳에 낙동강이 흐른다는 역설하고 있다. paradox이다. 현실에서 일어날 수 없는 일이다. "물결의 자유"라는 표현을 보면, 곧 자유가 물결쳤으면 하는 시인의 열망이 낙동강이 흐르는 것으로 역설하며 상상력을 확장하고 있다고 할 수 있겠다. 표현의 백미라 하지 않을 수 없다. 그런데 왜 하필 낙동강일까? 한강이나 섬진강이나 임진강일 수도 있을 텐데…. 아마도 삼국을 통일한 신라를 연상하면서, 신라 땅이었던 경상도 지역으로 흐르는 낙동강을 선택했는지도 모른다. 위에서 언급했던 상생과 화해의 시들처럼 남과 북이 통일된 조국을 갈망하는 시인의 마음이 신라의 삼국통일을 연상했는지도 모르겠다. 결국 결구(結句)에서 "거룩한 조국의 태양 아래 날갯짓을 하고"라고 함으로써 김 시인의 시 철학은 화해와 상생, 평화공동체의 추구였다.

3) 광화의 의미
  광화문에 시민들이 모여들었다. 1905년 을사보호 조약이 체결되었을 때에도 그랬다. 근래에는 세월호 사건 이후부터다. 자유민주주의 국가는 집회, 결사, 출판의 자유가 보장된 것을 모르는 사람들은 없을 것이다. 누가 시키지 않아도 자연스럽게 광화문에 모여서 촛불을 들고 자유와 정의를 위해 외치고 단결했던 그들을 국민은 모두 눈여겨보았다. 그리고 지리적으로 멀거나 바쁘거나 병약하여 참여하지 못해도 마음으로 응원을 보내는 이들도 많았을 것이다. 다음 시는 어떤 집회를 지칭하기보다는 광화문에 모였던 시민들의 열기와 국민의 아우성을 비유하며 예찬했다고 보인다.

광화문 전설 60
- 광화문 수월래

빛의 성자들이
걷고 있네
달빛 사라진
먹구름의 하늘이
가슴 풀어 함께 하네
시간의 마차도
꽃향기를 뿌리고 있네
광화의 뜨락에 반짝거리는
춤사래의 혼들이
넘쳐흐르네
기쁨의 혼만으로
넘쳐흐르네

위의 시는 직설적인 표현을 보이는 시어가 전혀 없다. 비유적인 표현으로 "광화의 뜨락에 반짝거리는/춤사래의 혼들이/넘쳐흐른다"고 했다. 그것은 기쁨의 혼이며 "시간의 마차도 꽃향기를 뿌리고 있다"고 했다. 또한 "광화의 뜨락에 모인 그들은 빛의 성자"들이라는 은유로 연결하고 있다. 광화의 뜨락에 스스로 모인 이들=빛의 성자들"인 것이다. 성자(聖者)란 성스러운 사람이라는 사전적인 뜻을 지니고 있다. 인간에게 성자라는 표현은 어찌 보면 억지스러운 표현이다. 오욕칠정을 갖고 있고 콧물도 흘리고 분노와 욕설을 일삼는 동물의 일종인 인간에게 감히 붙일 수 없는 낱말이다. 성스럽거나 거룩한 맥락은 신의 영역이다. 그런데 김 시인은 광화의 뜨락에 모인 이들을 성자라고 명명했다. 기쁨의 혼이 기쁨의 혼이 넘쳐흐르는 곳이 광화의 뜨락이라고 했다. 자유와 정의를 갈구하는 인간의 매우 깊은 영혼의 울림이야말로 거룩한 성자와=(항등)이라고 본 것이다. 이것은 신동엽 시인이 「금강」에서 말한 한울님의 담론과 일치한다고 할 수 있다. 성자의 이미지를 부각시킨 다음 시도 감상해 보자.

광화문 전설 73

타는 여름
열정에 익어버린
가랑잎 한 장
죄 없이 청명스런
갈바람 한 점

실성해 비틀거리는
광폭의 동토 위를
전사의 창으로 스치었다
그것은 새로운 막이 열린다는
거룩한 예감의 신호탄
푸른 반도의 그리운 들녘에
황금 열매의 알곡들이
누우렇게 익어가고
자유의 깃발 든
눈물 어린 거리의 성자들은
퉁소와 아쟁이 소리
하늘 쪽으로 울릴 채비다
밝은 그날이 기쁨의 그 날이
새벽의 빛처럼 조용히
찾아오시려나 보다

 이 시에서도 김 시인은 "눈물 어린 거리의 성자들"을 떠올린다. 성자들이 "퉁소와 아쟁이 소리/하늘 쪽으로 울릴 채비"를 하여, "밝은 그날, 기쁨의 그 날이/새벽의 빛처럼 조용히/찾아오시려나 보다"라고 노래함으로써 희망의 미래와 축제를 갈망하는 성자들. 특히 눈물 어린 거리의 성자들이 퉁소와 아쟁이를 하늘 쪽으로 울릴 채비를 한다고 했다. 색소폰이나 비올라 같은 서양 악기가 아니라, 우리 전통의 악기를 갖고 하늘 쪽으로 울린다고 했다. "하늘"은 절대자를 갈구하는 모든 인간들의 갈망을 노래한 것이리라, 위의 시에서 "타는 여름/열정에 익어버린/가랑잎 한 장"과 "죄 없이 청명스런/갈바람 한 점/을 시의 초반부에서 끌어온 시인의 의도를 생각해 보자. 가랑잎이나 갈바람은 조락(凋落)의 이미지라고 할 수 있다. 그러나 그 조락은 "자유의 깃발"을 든 "황금 열매의 알곡이 익어가고/자유의 깃발 든" 성자의 수식어가 된다. "밝은 그날, 기쁨의 그 날이/새벽의 빛처럼 찾아올 것을 채비하는 성자"의 이미지를 위한 시적 장치라고 할 수 있다. 결국, 김 시인은 광화문 광장에 모여서 자유의 깃발을 든 이들을 성자들이라고 미화하고 있다. 조선이라는 왕조 정치에서 대한민국이라는 민주정치 시대로 역사의 수레바퀴가 굴러갔고, 국가의 주인 자리를 차지한 국민을 성자라고 은유했다고 확대하여 해석해도 무리가 되지는 않을 것 같다. 그러나 이 시에서 성자는 광화문에 모였던 세월호 때 민심을 의미하는지 아닌지는 시를 읽는 독자의 몫이리라. 시는 운율과 압축의 문학인 까닭에 중의성을 갖게 마련이다. 읽는 이에 따라서 시를 달리 해석할 수 있는 다의성을 포함하고 있으므로 시는 묘미 있는 문학 장르다. 성자에 이미지는 다음 시로 이어진다.

광화문 전설 55

갓 쓴 하늘의 사람들이
불씨 한 톨을 품에 안고
구름 타고 내려오신 땅
해태의 침묵은 거룩히 서 있고

상서로운 불새들의 기상은
천지의 기운으로 치솟아 오른다
빛보다 밝아 바라볼 수 없는
무한히 별꽃들이 피고 지는
신성한 우주의 중심인 곳
비단과 목화씨의 광활한 대륙
반도의 끝자락을 수놓은
조그맣게 웅지 튼 황제의 열도는
자비의 큰 손으로 보듬어야 할
한 조각 푸른 머리띠에 불과하다
잊지 마시기 잊지 마시기 바란다
도무지 망각하지 않기 바란다
시샘도 굴절도 없이 흐르는
아름다운 세상의 맑은 샘물이
거룩한 광화의 땅에서 시작되었음을
치마저고리 흰색 옷 몸에 두른
해맑은 눈빛의 눈부신 성자들
아직은 아직은 침묵의 힘으로

 광화의 길을 걷고 계시다 이 시에서 성자는 "해맑은 눈빛의 눈부신 성자들/아직은 아직은 침묵의 힘으로 광화의 길을 걷고 계시다"고 했다. 이 시에서 시인은 어째서 시인이 침묵의 힘으로 광화의 길을 걷는다고 했을까? 시의 서누에서 "갓 쓴 하늘의 사람들이/불씨 한 톨을 품에 안고/구름 타고 내려오신 땅"은 우리 민족의 시조인 단군을 하늘에서 강림한 것으로 묘사한 것으로 보인다. 마늘과 쑥을 먹고

여자로 변한 곰이 낳은 단군 이전의, 환인으로 우리 민족의 선조로 거슬러 올라갔나 보다. "상서로운 불새들의 기상이 천지의 기운으로 치솟아 오르고, 무한히 별꽃들이 피고 지는 신성한 우주의 중심인 곳이 광화라고 했다. "아름다운 세상의 맑은 샘물이 거룩한 광화의 땅에서 시작되었다"라고 했다. 결국, 김 시인은 광화 땅 즉 광화 뜨락이 세상 샘물의 시작임을 말하고 있다. 놀라운 표현이라고 하지 않을 수 없다. 이 시에서 성자는 치마저고리 흰색 옷 몸에 두른 해맑은 불빛의 성자다. 다른 시들에서는 광화에서 퉁소와 아쟁이로 하늘 쪽으로 울리면서 광화의 외침을 노래했었다. 이젠 성자들이 침묵의 힘으로 광화의 길을 걷고 있다. 유치환의 시 '깃발'에서 "그것은 소리 없는 아우성"이라고 표현한 것과 같이 역설적이고 반어적인 표현이라고 보아야 할 것 같다. 시에서 역설(paradox)과 반어(irony)는 엄밀히 다르다. 김 시인이 성자들의 침묵을 역설이나 반어와 같은 시적 장치를 했다고 해도, 이 시에서 말하는 "침묵"이라는 표현의 무게는 강조할 필요가 없을 것 같다.

4) 평화의 잠언
구약성경에 잠언이 있다. 하나님께서 인간에게 들려주시는 평화를 위한 구절이다. 김원 시인의 「광화문 전설」에도 마음을 편안하게 해주는 평화의 시들이 몇 편 있다. 다음 시를 읽어 보자.

광화문 전설 41

그곳이
가슴에 품은
유일하게 간직한
불변의 꿈은
자유의 성벽을
지켜가는 것
불사르며 날아가는
숭고한 의지의 날개를
펼쳐가는 것

　인간의 가치 중에서 가장 소중한 것 중의 하나가 자유일 것이다. 억압받거나 강요당하지 않고, 몸과 마음이 자유로울 수 있다면 그보다 더 큰 행복은 없을 것이다. 그리고 자유는 동서고금을 통하여 인류 전체가 추구하는 가치일 것이다. "불변의 꿈은 자유의 성벽을 지켜가는 것"이라고 했다. "숭고한 의지의 날개를 펼쳐가는 것"이라고 했다. 다음 시도 읽어 보자.

광화문 전설 59

봄이 오면
나는 늘 푸른
광화의 땅을
단신의 몸으로 찾아가

누추하게 옷을 걸친
사랑과 자유의
견고한 씨앗 한 톨을
부끄럼 없는 가슴으로
심을 것이다
우리들의 밝은 봄날이
말없이 말없이
찾아오시면

 이 시의 맨 끝 구절에서 "우리들의 밝은 봄날이/말없이 말없이/찾아오시면"이라는 구절을 읽으니, 이육사 시인의 시 〈청포도〉가 생각난다. "내가 바라는 손님은 고달픈 몸으로/청포를 입고 찾아온다고 했다"라는 구절에서도 간절히 바라는 손님이 청포를 입고 찾아오는 것처럼, 김 시인의 "우리들의 밝은 봄날이 찾아 오시길" 갈망하는 화자의 태도가 일치한다고 하겠다. 메시아를 기다리던 유대인들처럼, 봄날이 찾아오길 갈망하고 있다. 봄날은 당연히 희망의 날을 비유하고 있음은 언급할 필요가 없을 것이다. 다음 시는 누구에게나 빛의 마음을 갖게 할 시이므로 이 시집의 주제 시라고 할 수 있을 것 같다.

광화문 전설 64
 - 절대 침묵 3

길을

걷는 것이다
두려움 없는
빛의 마음으로
그대의 삶을
사랑하는 일이다
오직의 힘으로
활활 타오르는
생명의 불꽃으로
불꽃으로

  어떤 길을 걷든지, 이 시는 누구에게나 잠언과 같은 시가 될 것 같다. 시를 쓰다가 지치거나, 사업을 하다가 회의가 들거나, 누구에게나 힘들고 지쳐서 낙망 될 때 힘과 용기를 주는 시가 될 것이다. 용기를 내라고 상대방을 설득하거나 지시하지 않고 있다. 그저 "길을 걷는 것이"라고 했다. 두려움 없는 빛의 마음으로, 자신의 삶을 사랑하는 일, 생명의 불꽃으로 불꽃으로 사랑하는 일이라고 한다. 읽는 이들의 마음을 편안하게 하는 시다. 인간이 가장 갈망하는 것은 사랑일 것이다. 김원 시인에게 있어서의 사랑은 자신의 삶을 사랑하는 것에서 시작하여 넓게는 평화공동체에 대한 사랑으로 확장됨을 위에서 언급한 바 있다. 어떤 시에서 태극이라는 낱말이 자주 등장했다. 태극기는 대한민국의 국기(國旗)다. 무궁화와 함께 대한민국의 상징물이다. 김 시인이 시에서 자주 사용했던 '태극'이라는 낱말이 역사 원형의 상징물을 표현한 것으로 보인다. 다음 단락에서는 근대 국문학의 역사에서 현실참여의 면면을 살펴봄으로써, 이 시집이 문학사에서 차지할 자리에 대해서 생각해 보기로 한다.

다. 시의 현실참여에 대한 통사적 고찰

1) 일제 강점기라는 어두운 역사 속에서
　시인들은 침묵하지 않았다.

　나라를 빼앗긴 분노를 시로 표현해낸 시인은 윤동주, 이육사, 한용운, 심훈 등을 들 수 있다. 우리는 윤동주와 이육사를 대표적인 저항 시인으로 알고 있다. 이육사는 '청포도'에서 "내가 바라는 손님은 고달픈 몸으로/청포를 입고 찾아온다고 했으니"라고 노래했다. 광복된 조국을 청포를 입고 찾아올 손님으로 은유(metaphor)하고 있다. '광야'에서는 "백마 타고 오는 초인이 있어/이 광야에서 목놓아 부르게 하리라"라고 노래했다. 광복이 올 그날을 백마 타고 올 초인으로 은유하고 있다. 윤동주 시인은 저항 시인이라기보다는 자아 성찰의 시인으로 보아야 할 것이다. 그는 한글로 시를 썼다는 이유로 일본 후쿠오카 형무소에서 고문과 강제 노역, 인체 실험용으로 고통을 받다가 옥사했다. 이상화 시인은 '빼앗긴 들에도 봄은 오는가'라는 시에서 "그러나 지금은 들을 빼앗겨 봄조차 빼앗기겠네"라고 노래했다. 영토를 빼앗긴 안타까운 심정을 계절의 상실로 병치시켜 표현한 작품이다. 심훈은 『상록수』라는 소설로 유명하지만, 그가 쓴 '그날이 오면'이라는 시는 매우 처절한 저항시다.

위의 시는 해방되는 날이 오길 갈망하며, "그날이 오면 종로의 인경을 머리를 드리받아 울리우고, 두개골이 산산조각이 나도 기뻐서 죽을 것이고, 칼로 몸의 가족이라도 벗겨서 북을 만들어 행렬에 앞장서겠다"라고 노래하고 있다. 시어의 격렬성과 과격함이 이육사 시인이나 이상화 시인과는 비할 수가 없다. 한용운 시인의 '나룻배와 행인' 시에서도 심훈의 '그날이 오면'에서 보인 격렬성과 과격한 시어를 찾을 수가 없다. "만일 당신이 아니 오시면/나는 바람을 쐬고 눈비를 맞으며/밤에서 낮까지 당신을/기다리고 있습니다"라고 인고의 자세로 광복을 기다리는 소극적인 태도를 보인다.

2) 1925년 박영희, 김기진 등에 의해,
　　KAPF(조선 프롤레타리아 예술가 동맹)가 결성되었다.

사회주의 문학단체로써, 계급의식에 따라 조직적인 사회주의 문학과 계급혁명을 목적으로 삼았다. 일제 강점기 최대의 문학운동이었으나, 좌익계열 문예 운동이었다. 참여-순수 논쟁이 일어나던 때에 목적 문학적인 참여의 성향을 보인 예이다. 문학이 이데올로기의 도구로 쓰인 경우였다. 임인식(필명: 임화)도 계급 혁명적인 시(담-1927년)를 발표했으며, 『우리 오빠와 화로』에서 역사를 추동시키는 진보적 계급 사상을 내포한 시들이 문단에 영향력을 행사했다. 만주사변 후 해체된 후, 카프 계열의 시인들은 친일 문학 쪽으로 대부분 기울었다. 카프 문학은 예술이 이데올로기의 도구로 추락한 예였고, 그 후

다양한 문예사조가 범람하는 계기를 가져왔다.

   3) 1950년대 한국전쟁을 겪고 전쟁의 비참함을 간과하지 않은 시인으로는 조지훈 시인과 유치환 시인이 있었다. 조지훈의 『역사 앞에서』, 유치환의 『보병과 더불어』는 전쟁 시로써 그 당시 시대상을 외면하지 않은 예라고 할 수 있다.

   그 내용에 대해서는 언급할 필요가 없을 것이다. 충분히 짐작되기 때문이다. 유치환의 『보병과 더불어』는 시인 자신이 한국전쟁 때 문총구국대의 일원으로 보병 3사단에 종군하며 체험을 작품화한 시집으로써 문학성이 강한 전쟁시집이다. 승전에 대한 염원보다 인간 탐구에 비중을 두었고, 표현에 있어서도 내면화된 간접 표현으로 문학성이 뛰어나다. 조지훈의 『역사 앞에서』도 관념어와 한자어 사용은 많지만, 시적 형상화가 뛰어난 전쟁 시집이다.

   4) 1960년대 부조리한 현실을 비판하고 고발한 참여시로는
      신동엽과 김수영 시인이 있다.
   신동엽 시인의 참여시에 대한 담론을 이글에서는 주로 다루려 한다. 김수영 시인은 주로 민주주의와 자유를 추구했다고 할 수 있다. 사망하기 직전에 쓴 시 〈풀〉은 민중시의 길을 열어놓은 대표작의 하

---

1) 신동엽 평전 [좋은 언어로] (소명출판, 김응교) 140쪽
2) 신동엽 평전 [좋은 언어로] (소명출판, 김응교) 57쪽

나다. 신동엽 시인은 김수영 시인이 사망(47세, 교통사고)한 후 1년 후에 병사(39세, 病死)한다. 초기에는 모더니스트로 자리매김을 하던 김수영 시인은, 4·19혁명 이후 참여시를 쓰기 시작했다. 혁명과 사회변화, 사회주의와 민주주의와 자유에 관한 관심과 열망을 드러냈다. 5.16 정변 시 군사정권이 들어서자 자유의 실현을 불가능하게 하는 적에 대한 증오와 현실 풍자 등의 작품화의 경향을 보였다. 몇 권의 시집과 번역서, 평론집 등 활발한 문학 활동을 보였다. 사후(事後)에 금관 문화훈장을 받았다.

1950년대 초기는 김수영 홀로 외롭게 시대적 비극을 노래했지만, 50년대 후반에 여러 시인이 화답하기 시작하여 그 대표적인 시인이 신동엽 박봉우였다.[1] 1950년대 예술계는 서구의 실존주의나 모더니즘이 유행이었다. 이러한 추세에 신동엽은 동의할 수 없었다. 식민지와 한국전쟁을 체험한 신동엽은 비극적인 현실을 외면하고 무시하는 모더니스트 문학을 극도로 비판하며 작가의 현실 참여적인 창작 자세를 고민했다.[2] 신동엽의 다음과 같은 언급에 그의 주장이 잘 드러나고 있음을 알 수 있다.

"만약에 발레리라면 남북이 피투성이가 되어 싸우고 있는 금일의 조선에 생존하여 그의 절친한 가족의 하나가 어느 편한테 희생되었다고 하자, 그래도 발레리는 그러한 난해한 시를 썼을까?" - 신동엽 「발레리를 읽고」 1951. 11. 5, 『젊은 시인의 사랑』 실천문학사

---

3) 단국대학교 사학과 졸업하던 해
4) 신동엽 평전 『좋은 언어로』(소명출판, 김응교) 58~59쪽

1998. 현실과 일치된 글을 쓰고 싶어 한 동엽에게 당시 현실을 외면했던 모더니즘 계열의 시들은 비겁해 보였다. 1953년[3] 4월 2일 일기에 당시 쏟아져 나온 시집들을 읽은 감상을 밝힌다.

"뚱딴지같은 군소리들만 씨부렁거린다"는 것이다. "그들은 주력을 잃은 역사의 패잔병들이며, 뚱딴지같은 군소리들을 씨부렁거리면서 뒷전으로만 배회한다. 그들로부터 힘은 완전히 거세되었다. 마치 바람 빠진 고무풍선처럼 축 늘어졌다." - 신동엽 「1953.4.2.」 『젊은 시인의 사랑』 실천문학사, 85쪽[4]

그러나 그가 현실을 외면하지 못하고 참여시를 쓰는 지향점은 권력에 대한 도전이나 정권을 비난하는 것에 있지 않다. 신동엽 시인이 꿈꾸는 것은 권력에 반대하며 권력을 초월한 평화주의 다시 말해서 평화공동체를 지향하고 있다고 보아야 한다. 또한, 올바른 문학인의 바람직한 태도와 사회적 역할에 대한 신동엽의 당찬 다짐은 다음에서 알 수 있다. "작가나 시인의 능동적 주체의 확립이 필요하다"라고 말했다. 곧 능동적 주체란 협소한 자기 만족적 자아가 아니어야 하며, 민족과 인류가 갈망하는 나은 행복의 지표를 둔 보편적 자아여야 한다. (『젊은 시인의 사랑』 실천문학사, 249쪽-라고 주장했다.) 이제 여기서 김원 시인의 시의 면면을 살펴보기에 앞서서 신동엽 시인이 말하는 보편적 자아 – 민족과 인류가 갈망하는 나은 행복의 지표를 둔 보편적 자아의 가슴으로 시를 이끌어가고 있는지를 살펴볼 것이다.

부활과 상생(相生)의 화해와 자유를 갈망하는 시편들이 시집 「광화문 전설」에 몇십 %를 차지하고 있는 것을 필자는 발견했다. 다음 장에서 다루기로 한다.

5) 1960년대 순수·참여 논쟁에 대해서 좀 더 고찰해 보자.

샤르트르(Jean Paul Sartre)와 프랑스 실존주의가 앙가주망(engagement: 현실참여) 중심으로 이해되기 시작했다. 1950년대 전쟁의 폐허, 죽음의 체험을 통해 기존 가치관이 붕괴한 상황 속에서 고립된 개체의 실존 문제를 중심으로 실존주의를 이해했던 것과 구별된다. 1963년 8월 7일 「파산의 순순 문학」에서 동아일보 김우종은 순수문학이 "현실과 민중의 삶을 외면했다"라고 비판했다. 김병걸은 「현대문학」 10월호에 「순수와의 결별」 글을 기고해서 말로(Andre Malraux)와 샤르트르 등 서구 앙가주망 이론을 소개하여 참여 문학의 의미를 강조했다. 한편 1967년 순수 참여 논쟁은 김봉구와 자유 회의 세미나에서 「작가와 사회」라는 글을 발표하여 "앙가주망이 프롤레타리아 혁명의 이데올로기로 귀착된다"라고 주장했다. 1968년 2월 20일 이어령 교수는 「오늘 한국문화를 위협하는 것」이라는 기고문에서 참여론의 확대를 우려하면서 "문화를 정치 활동의 예속물로 만드는 것"이라고 비판했다. 이에 김수영은 「실험적인 문학과 정치적 자유」라는 글을 기고하여 "모든 전위 문학은 본질에서 불온하다."라고

---

5) 신동엽 평전 [좋은 언어로] (소명출판, 김응교)

했으며 4·19혁명을 통해 1950년대와 단절하고, 문학의 현실참여를 강조하며 강렬한 비판 정신을 보여준 사례라고 했다.

6) 1970년대 민중시가 등장하다

1970년대 이후 정치적 현실에 적극적으로 저항하면서 민중의 삶과 그 경험적 진실을 시를 통해 노래하고자 했다. 정치적 폭력과 사회 문화의 폐쇄성에 저항하면서 급격한 산업화의 물결에 밀려있는 민중의 삶을 시의 중심 영역에 끌어들였다. 현실에 대한 비판과 풍자가 시를 통해 표출되기도 하였고 소외된 민중의 삶의 모습이 시를 통해 그려지기도 했다. 시인 자신이 현실에 대해 지니는 도덕적 열정이 진취적인 시 정신과 과격한 언어로 묶여서 지나치게 이념적인 색채를 드러낸 경우가 많았다. 신경림, 이성부, 조태일, 최하림, 정희성, 김지하 시인 등은 풍자 비판을 통해 활발히 확대되었다.[5]

7) 1970년대 참여 시인으로 양성우와 신경림을 들 수 있다.

대표적인 민중 시인, 신경림은 민중의 삶을 소재로 역사의식과 민중 의식을 시로 형상화하였다. 농촌의 현실을 소재로 농민의 소외된 삶을 그린 〈농무〉가 있으며, 농민들의 궁핍한 삶, 떠돌이 노동자, 도시 변두리의 뿌리 없는 삶을 사실적으로 묘사로 그려냈다. 양성우 시인은 1975년 정권을 비판하는 〈겨울 공화국〉이라는 시를 발표하여 교사자리에서 파면되었고, 1977년 노예 수첩이라는 정권에 비판적인 시를 발표하여 긴급조차 9호 위반과 국가모독죄로 갇혔다. 1988년 제

13대 국회의원 선거에 당선되었다. 이명박 정부 때 한국간행물윤리위원회 위원장을 역임했다.

이상에서 우리 문단사에서 참여시의 모습을 연대별로 살펴보았다. 김원 시인의 「광화문 전설」은 신변잡기의 서정시가 아니다. 다시 말해서 순수·참여의 오랜 논쟁이 끊이지 않는 가운데, 그의 시는 참여시라고 단언할 수 있다. 달짝지근한 개인적인 서정을 어느 한 편의 시에서도 찾아볼 수 없다. 그의 시 75편에 흐르는 시공간은 광화문-광화광장이다. 다음 단락에서 그의 시의 면면을 살펴보도록 하자.

다. 나가는 말

필자는 위에서 김원 시인의 「광화문 전설」이 참여시로서의 자리매김을 할 수 있는지를 고찰하기 위하여 근대문학사에서 참여시의 면면을 시대별로 살펴보았다. 광화문을 소재로 75편의 연작시를 쓰면서, 김 원 시인은 단 한 구절도 자신의 신변잡기의 서정을 보인 게 없다. 모든 초점은 광화에 모았고 고조선부터 낙동강까지 시공을 초월하는 상상력과 묘사로써 표현 기법에서도 문학성을 보이는 작품들을 많이 발견할 수 있었다. 또한, 김 시인의 시에서는 부활을 노래하고 있었으며, 상생과 화해, 평화공동체의 지향과 자유에 대한 갈구 그리고 내일에 대한 희망을 담고 있었다. 신동엽 시인이 말하는 뚱딴지같이 씨부렁거리는 시는 아님에는 틀림이 없다. 그의 시집 「한강」 연작시 60편에 이어, 역사와 현실 참여시임에는 틀림없는 시집이다. 그런 면에서 김수영이나 신동엽과 궤를 같이 하는 민족애와 자유사상을 노래한 연작시라고 생각된다. 신동엽, 김수영, 양성우 등의 시인들은 현실을 외면하지 않았다. 정치와 사회 현실에 침묵하지 않고 시로 현실의 부조리를 고발했다. 두드러진 돌은 정을 맞게 마련인데, 그들은 그것에 개의치 않고 참여시를 썼다. 그것은 용기 있는 선택이고 결단이었을 것이다. 몇 년 전부터 광화문에 사람들이 모여들었다. 그런 광화의 뜨락에서 광화의 함성이 물결을 이루었다. 촛불이든 태극이든 광화문에 모인 이들을 성자로 묘사하여 「광화문 전설」을 읊은 김 원 시인도 위의 참여 시인들처럼 시의 용사다. 누군가에게는 박수와 공감을 받을 것이다. 지탄을 하는 이들이 있을지도 모른다. 그러나 순수 서정시 5000편 이상의 시를 써서 시의 탑을 쌓아왔던 김 시인의 노작(勞作)에는 누구나 박수를 보내야 하리라. 앞으로도 「광란 시대」와 「농부」 등의 시집을 준비 중이라는 말을 들었다. 시인으로서의 다음 행보가 궁금하다. 순수 서정이든 참여시든, 시에 대한 열정이 대단한 김 시인에게 돌을 던질 사람은 아무도 없을 것이다. 시의 다의성과 중의성에 대한 문외한만이 그의 시를 비난할 것이다.

서평

"시는 신화이다"

유승우(시인, 문학박사, 현대시인협회 회장 역임)

'시는 신화이다' 라는 말은 시의 내용적 정의이다. 시의 내용. 즉 시는 무엇을 표현할 것인가라는 물음에 대한 답이다. 그러니까 시의 내용은 '신화' 라는 것이다. 그러면 신화(神話)의 의미는 무엇인가. 신화 연구가들에 의하면 "①신들의 이야기 ②신과의 대화 ③신의 말씀" 이다. 위의 세 가지 신화의 의미 중에서 시의 내용이 되는 것은 ②번의 '신과의 대화' 이다. 오늘 날에는 시라고 하면 서정시만을 가리키는 말이 되므로 '신과의 대화' 는 곧 서정시에 대한 정의라고 할 수 있다.

오늘날 우리나라의 가장 열정적인 서정 시인 김원이, "태고의 빛들과 민족의 혼과 얼이/어슬렁대는 새벽녘 광화의 빈터에" 서 '신과의 대화' 곧 '하나님과의 대화' 를 한 서정시 『광화문 전설』 74편의 연작시를 출간한다고 한다. 광화문이야말로 대한민국의 수도인 서울의 상징이다. 조국의 심장에서 하나님의 음성을 듣고 '하나님과의 대화' 한 내용을 "푸른 노송들이/피의 눈물을 삼키네" 로 시작하여, "영원히 아름다운 미래의 땅이여/빛나는 광화문의 전설이여" 로 마무리 한다. 신화시대의 서정 시인은 선지자이며, 예언자이다. 김원 시인의 시편들이야말로 남들은 못 듣는 하나님의 음성을 듣고, 그 내용을 형상화한 예언서라고 하겠다. 그의 시를 읽는 독자들도 남들이 못 보는 것을 보는 눈이 열리고, 남들이 못 듣는 것을 듣는 귀가 열리길 바라는 마음에서 이 글을 쓴다. 그리고 열정적인 시인 김원님의 건강을 하나님이 지켜주시길 기도한다.

"광화문 전설"

김소엽 (대전대 석좌교수, 한국문화예술총연합회 회장)

김원 시인은 시에 신들린 사람같다. 그렇치 않고서야 몇 년 사이에 시를 폭포수처럼 쏟아낼 수는 도저히 없는 노릇이다. 그는 일천편이나 되는 첫 시집 [빛과 사랑과 영혼의 노래]에서 서정미의 극치를 언어의 연금술사처럼 표현해냈다면 그 후 세 번 째 시집 [한강]에서는 시간의 연속성을 한강이라는 소재를 통해서 유구한 우리 민족혼의 역사성을, 그리고 [광화문 전설]에서는 광화문이라는 현실적 공간을 통해서 마침내 시공을 초월하는 엄청난 사유와 시대적 아픔을 예리한 통찰력으로 분출시켰다.

그에게 있어 '광화문'은 불멸하는 우리 민족의 빛나는 성전이다. '누구도/패륜의 욕망으로/넘을 수 없는/눈부신 순수의 성벽/태극의 깃발이/폭풍속에 나부끼는/광화의 힘이다 (광화문전설 48전문)
'이 거짓의 탈을 쓴 폭풍의 시대'에 거기에는 자유와 평화와 민주주의를 외치는 태극기 휘 날리는 선민들의 거룩한 외침이 불길처럼 타오르고 있었다. 누구나 작가라면 이 시대의 아픔과 상흔 그리고 민초들의 목숨을 내건 외침을 양심을 걸고 적어야 했으리라. 바로 그 일을 용기있게 해낸 사람이 김원 시인이다. 김시인은 도저히 이 현실을 외면할 수 없었으리라. 그는 자유에 대한 갈망과 민주주의가 정의롭게 실현되는 대한민국을 꿈꾼다. 태극기 무궁화 등으로 상징되는 애끓는 애국 애족의 심정을 시로 분수처럼 쏟아냈다. '불길같은 한포기 풀잎으로 경건히 살아있는 그는 언젠가 생생하게 태극기의 외침으로' 부활할 것을 믿으며 암울한 현실에 속에서도 미래를 소망하고 아이들에게 희망을 건다. 아마도 그 꿈은 '아이들의 공화국'에서 더 자세히 펼쳐질 것이다. 그의 시는 자유 민주 평등 평화 등의 무거운 주제를 거침없이 아름다운 언어로 역사 위를 유영하며 거짓을 고발하며 줄기차게 바라는 바 꿈의 나라를 민초들과 더불어 광화문에서 전설을 이루는 데 성공한 시라고 볼 수 있다. 참여 순수시를 떠나서 그는 진정한 애국시인였다고 역사가 평가하기를 나는 바란다

광화문의 역사적 서사(敍事)와 지사적 결기

손해일(시인, 국제PEN한국본부 이사장)

김원(金源)시인이 네 번째 시집 『광화문 전설』을 낸다고 필자에게 서문을 청해왔다.
김시인은 PEN회원이며 시집을 3권이나 발간했고, 문인선교회 등을 통해 활발하게 정진하고 있는 중견시인이다. 김시인은 매일 시를 쓸 정도로 시에 대한 열정이 충만하고 기독교 정신을 바탕으로 역사와 민족에 대한 지사적 결기가 남다른 것 같다.

이번 시집 『광화문 전설에 실린』 75편의 연작시에도 그런 경향이 농후하다. 역사적 실체로서 광화문은 조선조 500년에 걸쳐 우리 민족과 애환을 함께 한 산 증인이다. 태조 이성계가 한양 천도후 1395년에 지은 경복궁의 정문으로서이다. 조선 건국초 왕자의 난이나 세종의 치세, 세조의 왕위찬탈 등 궁중 비사들을 지켜보았지만, 1592년 임진왜란 때 왜구에 의해 소실되고 말았다.

1865년 고종때 복원된 이후에도 일제에 의한 조선의 패망을 뼈아파했고, 1945년 감격스런 해방 조국도 지켜보았다. 이어 4.19와 6.25를 겪었고 콩크리트로 복원된 후에도 대한민국과 영욕을 함께 했다. 근세사에서는 월드컵 4강때 '붉은 악마'의 응원부대 총본산지로, 세월호 촛불시위로, 현정부 규탄의 태극기부대 함성의 광장이기도 했지만, 세계 10대 교역국으로 부상

한 조국 대한민국의 발전상도 눈여겨 보고 있다.

　김시인의 『광화문 전설』에는 이처럼 광화문과 광화문광장을 객관적 상관물로 한 영욕의 역사적 사건들을 추상적으로 시화했다. 광화문의 '광화(光化)'는 '밝은 빛 되기' 즉 임금의 은덕이 밝은 빛처럼 백성들의 마음속에 스며들어 어루만진다는 뜻이다.

　앞서 언급했듯이 광화문광장에 온갖 영욕이 교차했지만 김시인은 시인의 말에서 "역사와 시간의 수레바퀴는 어둠의 길을 선택하지 않는다. 탁류의 강물에 미혹되지도 않는다"고 전제한뒤 "먹구름의 시간을 털어버리고 천둥과 번개가 내리치면 오래도록 흐느끼던 광화문의 고통과 슬픔이 한없이 밝아지리라"고 전망한다. 숱한 외적의 침입속에서도 굴하지 않고 고유의 정체성을 지켜낸 조국에 대한 긍정적 자부심이 드러나고 있다.

　거머리의 손들이/뿌리와 수분도 영혼도 없는/허망한 나무들의 광장/ 비릿한 죽의 장막을 세우누나/빛과 함께 살기 원하는/펄펄 끓는 민족혼의 절규를/불같은 저항의 물길/출렁거리며 요동치는/광활한 태극기의 성난 바다를/이루어 갈 것이니//
　　　　　　　　　　　　　　　－〈광화문 전설 · 9〉 전문

　고난과 치용　뼈아픈 눈물이/저기 강물처럼 흘러갈수록/아름답고 장엄한 자유로운 몸부림은/출렁 거리는 푸른 동해의 물결처럼/눈부시게 빛나던 광화의 뜰로/유유히 옷깃 여미고 흘러올 것이다//
　　　　　　　　　　　　　　　－〈광화문 전설 · 11〉 후반부

자유대한 꿈/불길같은 한 포기 풀잎으로/아직도 경건히 살아 있네/새벽 철로의 기적소리를 따라/생생한 몸부림으로 부활하는/태극기의 외침으로 살아 있네//...중략.../어두움과 사악의 벽을 넘어/모두 모두와 손잡고/푸르게 둥지 튼 겨레의 집을 향해 /힘차게 달음질 하려하네//
-〈광화문 전설·13〉일부

누구도/ 패륜의 욕망으로/ 넘을 수 없는 순수의 성벽/ 태극의 깃발이/ 폭풍속에 나부끼는/ 광화의 힘이다//
-〈광화문 전설·48〉일부

위의 몇 편에서 예로 살펴보았듯이 '태극기'로 상징되는 대한민국의 자유와 평화와 국난 위기극복의 노력들이 '광화문'의 함성처럼 결국은 우리에게 밝은 빛을 주리라는 희망적 메시지를 강조하고 있다. 이러한 김시인의 지사적 외침과 미래 전망은 연작시 75편을 관류하는 주조적 색깔들이다. 일독을 권한다.

김 원

강원도 원주 출생
중원상사, 아세아의료기 대표 역임
창조문예 등단
현대시인협회, 국제PEN한국본부 회원
한국문인선교회 부회장
세계여행작가회의 감사
월간 〈시사문단〉 회원
북한강문학제 추진위원

金源 시집

광화문 전설

2021년 4월 25일 초판 인쇄
2021년 4월 30일 초판 발행

저　자 | 김　원
발행인 | 이 승 한
편　집 | 임 영 희
발행처 | 도서출판 엠-애 드
등　록 | 제 2-2554
주　소 | 서울시 중구 마른내로 8길 30
전　화 | 02) 2278-8063/4
팩　스 | 02) 2275-8064
이메일 | madd1@hanmail.net

ISBN 978-89-6575-136-6 03810
값 10,000원

저자와의 합의하에 인지 첨부 생략합니다.
파본은 구입하신 서점에서 교환해 드립니다.
이 책은 저작권법에 의해 보호를 받는 저작물이므로
무단전재와 복제를 금합니다.